LA HAGGADA

CÉRÉMONIES RELIGIEUSES

A L'USAGE

DES ISRAÉLITES

MISE EN VERS PAR UN ILLETTRÉ

Ad. ASTRUC.

PARIS,

IMPRIMERIE DE WITTERSHEIM,

8, rue Montmorency.

1852.

LA HAGGADA
CÉRÉMONIES RELIGIEUSES.

LA HAGGADA

CÉRÉMONIES RELIGIEUSES

A L'USAGE

DES ISRAÉLITES

MISE EN VERS PAR UN ILLETTRÉ

Ad. ASTRUC.

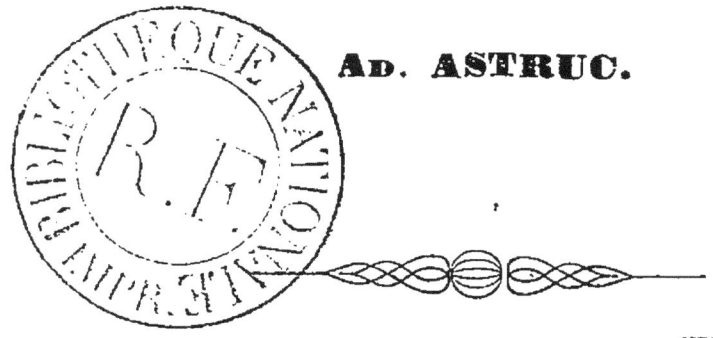

PARIS.

IMPRIMERIE DE WITTERSHEIM,
8, rue Montmorency.

—

1852.

J'ai taxé le prix de cette *HAGGADA* à cinq francs, parce qu'elle n'a été tirée qu'à trois cents exemplaires. Toutefois, sa publication est pour moi un devoir, je l'ai dit ; un devoir tout religieux ; plus religieux, que de spéculation, quelle que soit la position difficile dans laquelle je me trouve, puisque j'ai eu recours à l'emprunt, pour faire face aux frais d'impression. Ne sachant pas d'où me vient les tracas que j'ai eu à souffrir, je veux que mes coreligionnaires, sachent que je veux mourir dans la religion juive, qui est celle de mes pères ; que, si j'étais tourmenté, en France ou à l'étranger, je mourrai en disant la *Scheman-Israël*, si Dieu me laisse ma présence d'esprit, alors ; car, je ne sais si les temps de persécutions religieuses, n'existent pas encore contre quelques-uns !

J'ai été un honnête homme, pour les hommes de toutes les religions avec lesquels j'ai eu des relations et commerciales et privées, et cela dans trois parties du monde. Je dois tâcher de mourir ainsi que je me suis efforcé et m'efforcerai de vivre.

PRIÈRE.

Éternel, notre Dieu! ce n'est plus par la force des armes que nous devons chercher à vaincre; aujourd'hui, tous les hommes t'adorent; mais seulement par la pureté et l'esprit des lois, qui sont la base et le fondement de la morale du judaïsme. Nos aïeux furent les premiers qui les reçurent de Moïse; ne devons-nous pas chercher à les faire aimer, à les faire connaître à nos frères des autres communions? N'ont-elles pas servi de base à la morale de tous les peuples? Ne sont-elles pas le palladium d'Israël?

Protége, ô Seigneur, la France, notre digne et sainte patrie; soutiens la République, fais-la sage et puissante, et garde-la de religions nouvelles; garde-la des théories sanglantes du passé; protége-la contre celles qui se proposent et la destruction de la famille, et la violation de la propriété; fais que la fortune des hommes à qui il t'a plu de la départir, soit respectée de tous; donne aux malheureux la patience et la résignation; aux fortunés, l'esprit de charité, qui secourt et qui aide.

Inspire, ô Seigneur! aux hommes des partis qui travaillent notre beau pays, l'esprit de concorde et de conciliation.

Protége la généreuse nation dont les enfants nous ont donné le nom de frères, et et garde-nous contre le retour de nouveaux jours d'épreuves!

Pour moi, mon Dieu, je demande la sagesse, et l'affection des hommes de bien.

Accueille, ô Grandeur infinie, la prière et l'invocation de l'humble créature qui te l'adresse.

Ad. ASTRUC.

(RECHERCHE DU PAIN LEVÉ*).

La veille, au soir, du jour où commence la Pâques,
on recherche le pain levé à la lumière d'une bougie.
Avant de commencer cette opération on dit :

Loué soit l'Eternel! Loué soit le Clément,
Le Roi de l'Univers, et le maître de l'heure;
Dieu! qui sanctifia, divin commandement,
Le retrait du levain, de notre humble demeure.

La recherche terminée on dit :

Que tout le pain levé qui n'est pas entrevu
Soit, ô Seigneur, ainsi que s'il était poussière;

(*) Nos Pâques commencent ordinairement le 14 du mois de Nissan au soir. La recherche du pain levé doit donc avoir lieu le 13 au soir, à moins que la la veille de Pâques ne se trouve être en jour du sabbah. Dans ce dernier cas, elle doit avoir lieu le 12 au soir, et se continue, par conséquent, le 13 à 10 heures du matin.

En quelque lieu qu'il soit, mon œil ne l'a pas vu
Et, je le tiens, dès lors, comme s'il était terre.

> Le lendemain on brûle tout le pain trouvé à dix heures du matin, et, après cette opération, on dit la prière suivante :

S'il est du pain levé qui se trouve chez moi,
(A mes yeux, dérobé), nul, je le considère ;
En quelque lieu qu'il soit, il n'enfreint pas la loi :
Au regard, échappé ; ce n'est donc que poussière !

ORDRE DE LA CÉRÉMONIE.

קדש	KADESCH.	Kidous ; sanctification.
ורחץ	OURCHATZ.	Le maître de maison se lave les mains.
כרפס	KARPASS.	Usage du cerfeuil.
יחץ	YACHATZ.	On divise la Mitxwah du milieu.
מגיד	MAGNID.	On récite.
רחץ	ROCHATZ.	Les assistants se lavent les mains.
מוציא מצה	MOTZI MATZA.	On bénit les pains azimes
מרור	MAROR.	Usage des herbes amères.
כרך	KORECH.	Usage du raifort.
שלחן ערך	SCHOULCHAN ORECH.	On sert le repas.
צפון	TZAPHON.	Usage d'Aphikomen.
ברך	BARECH.	Actions de graces.
הלל נרצה	HALEL NIRTZA	Cantiques.

NOTA. — J'ai suivi pour l'ordre des cérémonies de la Haggada et sa mise en vers, la brochure de M. A. Ben Baruch. Paris 1847. Bureau de la paix, n° 6, rue des Petites-Ecuries

קדש (KADESCH).

Si la fête commence à l'entrée du Sabbath, on dit :

Et le Seigneur bénit le saint jour du Sabbat ;
Dès lors, son doigt divin le désignait à l'homme,
Pour que, par son repos, il le glorifiât :
Oui, c'est le jour divin qu'il donnait à l'atome.

Car le ciel et la terre, en ce jour terminés,
Radieux gravitaient et marquaient *la semaine;*
Puis, chantant l'Éternel, vinrent, coordonnés,
Louer son saint repos ; des temps, elle est la Reine.

Si la Pâques commence en un jour de semaine, on commence ici ; on dit :

ברוך Éternel, sois loué ! Chanté sois-tu, Seigneur !
Toi qui du sol sortis le cep noueux : la vigne.
De ce cep le raisin, pour nous plein de saveur ;
Et de ce fruit, le vin, ô main sainte et bénigne !

ברוך Chanté soit l'Éternel ! Louons le Créateur
Qui nous choisit parmi les peuples de la terre,
Puis nous tint séparés des hommes dans l'erreur,
Et, de sa sainte loi, nous fit dépositaire.

(Le Sabbat.)

(Éternel, Souverain ! ô toi ! tout notre amour,
Bénis ces jours d'azyme et solennelles fêtes !
Tu nous gratifias, en marquant tour à tour,
Les Pâques, le Sabbat, prêchés par tes Prophètes.)

Éternel, Souverain ! ô toi ! tout notre amour,
Bénis ces jours d'azyme et solennelles fêtes !
Tu nous gratifias, en marquant tour à tour,
L'Anniversaire saint prêché par tes Prophètes.

Il nous rappelle à tous son bras fort et puissant :
Ce bras qui soutenait ses enfants et Moïse ;
Ce bras qui submergeait Pharaon en Nissan,
Et guidait Israël vers la Terre-Promise.

שהחינו (SCHEHECHEYANON).

Loué sois-tu, Seigneur, qui permets qu'en ce jour
Nous soyons réunis et chantions ta clémence !

Loué sois-tu, par tous ! Qu'on chante, saint retour,
La Pâque-anniversaire et notre délivrance !

(On boit accoudé sur le côté gauche).

Si la Pâque commence à l'issue du Sabbath, on ajoute ce qui suit, avant le Schchecheganou :

Loué soit l'Éternel ! Loué soit notre Dieu !
Pour l'homme, il a créé la lumière et le feu.

ברוך Loué soit l'Éternel ! Loué soit notre Dieu
Qui sépara toujours le sacré du profane,
Du jour, l'obscurité. Puis, doux et saint aveu,
Nous gardait entre tous, et nous fit son organe.

C'est lui qui désignait le saint jour du Sabbat,
Et qui le séparait des autres tous ouvrables.
Il est jour de repos, il est jour de rachat,
Et rend ceux de travail, pour l'homme, respectables !

ורחץ (OURCHATZ).

Le chef de famille ou celui qui donne le Seder, se lave les mains sans dire la bénédiction ordinaire.

כרפס (CARPASS).

Il prend un brin de cerfeuil qu'il trempe dans du vinaigre et en donne un à chacun des assistants; et on dit la bénédiction suivante :

Loué sois-tu, Seigneur ! Toi, Dieu de la lumière !
Qui, pour tous, fis sortir tous les fruits de la terre.

יחץ (YACHTAZ).

Le chef prend la miswaht du milieu (le Levite) et la fend en deux. Il réserve le plus grand morceau pour Aphikomen, et remet l'autre morceau à sa place.

מגיד (MAGUID).

On enlève la zérod (l'os rôti) et l'œuf; on découvre les miswoth et les assistants, soulevant le plat, disent

Le Chef ou les assistants.

Frères, voyez-le tous : c'est le pain de douleur
Que nos frères, mangeaient, dans les jours de leur fuite :
Ils fuyaient Pharaon, confiants au Seigneur !
Moïse les guidait : tous marchaient à sa suite ;
Et, grâce à l'Eternel, ils traversaient la mer.

Que l'indigent arrive à la table du frère :
Les Pâques sont pour tous ; Israël sait aimer !
Accueille le malheur, fait droit à sa prière.
L'aumône c'est justice, ah ! ne l'oublions pas !...
Tout comme l'indigent, ainsi que Jérémie,
Nous allons, malheureux, de la vie au trépas ;
Pleurant Jérusalem, pleurant notre patrie !

Qui sait quand le Très-Haut, commandant le retour,
Qui sait quand de son doigt, devant qui tout s'incline,
Dieu, se manifestant, désignant le grand jour,
Dira : « Que vers Sion, Israël s'achemine !... »

> On dépose le plat, on remet la keroa et l'œuf à leur place ; on verse le deuxième verre et un des enfants fait les questions suivantes :

L'Enfant sage.

Mon Père, écoutez-moi ; pourquoi ces saints devoirs ?
Et pourquoi différent de tous les autres soirs,
Réunis, fêtons-nous, ici l'anniversaire,
Que depuis bien des jours on attend.... on espère ?
Pourquoi nous privons-nous du pain si savoureux,
Alors qu'il est levé ? Pourquoi donc, malheureux,
Accoudés cette nuit, entourés de nos frères,
Mangeons-nous ce pain dur et ces herbes amères ?
Et pourquoi donc deux fois tremper nos aliments ?...
Expliquez-moi l'esprit de ces commandements !

Le Père ou le chef.

Enfant, apprends-le donc, c'est que jadis nos pères,
Pleurant sur leurs malheurs, sur celui de leurs frères,
Vils esclaves, alors, aux bords du Nil fangeux,
Victimes d'un tyran toujours plus ombrageux,
Se soulevaient un jour à la voix de Moïse ;
Et, Dieu les dirigea vers la Terre promise !

Dieu fit ouvrir la mer, sut arrêter les flots ;
Puis il submerge après soldats et chariots ;

C'est Dieu qui soutenait Moïse, saint prophète,
Contre le Pharaon! Grand et suprême athlète;
Généreux, tout puissant, il soutint Israël;
Puis après, le nourrit de la manne du ciel!

Qu'en serait-il de nous, enfant, sans sa clémence?
Maintenant vous et nous et notre descendance,
Quoique moins malheureux, Dieu c'est la charité,
Nous serions tous privés de sa loi d'équité;
Donc fussions-nous ici, chacun de nous un sage,
Nous devons, par devoir, remémorer cet âge.

Apprends qu'après ces jours, nos doctes réunis,
S'entretenant, un soir, saints et pieux amis,
Rappelant le passé que souffrirent nos pères,
Adressaient au Seigneur leurs pieuses prières!

מעשה C'était Rabbi Tarphon, Rabbi Eléaza (Eléazar)
Le fils d'Azariah; puis le docte Akiba;
Eliezer, Josué, tous des Rabbins fort sages,
Et qui, se conformant aux antiques usages,
Redisaient, de ces jours, les faits encor récents.
אמר Leurs disciples, alors : « Maîtres, il se fait temps
De dire la *Scheman*; car le jour va paraître. »
— Eléazar vieillard, reprit, parlant en maître : —
» J'ai soixante et dix ans. Je ne pus obtenir
» Qu'on me fît ce récit, grand et saint souvenir,

» Avant que Ben-Zoma, que nous savons tous sage,
« N'eût extrait de la loi ce sublime passage !
» Frères, il l'écrivit, rappelez-vous le bien ;
» Afin qu'à vos enfants, vous n'en omettiez rien :
» *Tu dois te souvenir, TOUS les jours de ta vie,*
» *Du départ de l'Égypte.* Israël s'expatrie ;
» Il va chercher au loin l'air et la liberté,
» Que Dieu créa, pour l'homme, avec l'égalité ;

סיד   Louons donc l'Éternel, car il est la clémence ;
Il nous donna des lois d'où naît la bienfaisance.

L'Enfant sage.

Merci pour vos bontés et votre enseignement ;
Vous m'avez satisfait : votre fils, sagement,
Ainsi que vous, à Dieu, veut, chaque anniversaire,
Adresser, désormais, sa pieuse prière ;
Car les lois du Seigneur, pour tous, la vérité,
Sont justice, ici-bas; la-haut, félicité !

L'Enfant méchant.

Pour moi je le confesse et cherche chaque fêtes
A savoir le *pourquoi* de tout ce que *vous* faites.

Le Père.

Eh bien ! écoute-moi, trop irascible esprit ;
Peut-être alors ton cœur en sera-t-il contrit :
Mes aïeux sont les *tiens*. Si Dieu sauvait *mes* pères,
Il *me* sauvait aussi ; donc il sauvait *tes* frères ?
Ne *te* sauvait-il pas !... Comprends-tu, maintenant ?

L'Enfant, alors :

Mon père, pardonnez au pauvre impertinent !
Je tremble et j'aime Dieu ; car sa miséricorde
Pouvait seule sauver dans ces jours de discorde
Un enfant comme moi tout vain... tout orgueilleux,
Et qui, je le sens trop, fut peu religieux...
Pardon ! Grâce, mon Dieu !.. Excusez-moi, mon père,
Désormais, je serai plus humble, je l'espère.

Le Père au simple

Et toi, réponds-moi donc ? j'ai cru t'entendre aussi
T'écrier pour savoir... Tu disais : *Qu'est ceci ?*

L'Enfant simple.

Mon père, tu le sais, mon âge est l'innocence,
Mais mon cœur est naïf, est bon sans arrogance.
J'ai compris, et je sais maintenant le *pourquoi*
De tout ce qui se fait en ce soir pour la Loi.

Le Père à l'innocent.

Et toi, tu n'as rien dit?

L'Enfant innocent.

C'est vrai, c'est vrai mon père,
Et j'apprendrai plus tard, j'en ai l'espoir : j'espère.

Le Père à tous ses enfants :

Enfants, n'oubliez pas de Dieu la charité;
Mais il punit, parfois. N'est-il pas l'Equité?

Le Père continuant pour tous les Assistants.

Ecoutez-moi donc tous; écoutez-moi, mes frères;
Je vais dire les lois écrites pour nos pères :
Elles sont pour nous tous, et pour nos descendants.

יכול Nous pourrions croire, nous, par des antécédents,
Que, dès les premiers jours que Nissan vient à poindre,
Les enfants d'Israël doivent alors se joindre,
Et, réunis, chanter, souvenir du passé,
La Pâque et ses devoirs. La Bible a prononcé.
Oui, le peuple, plus tard, dira sa délivrance ;
Il doit atermoyer et prendre patience :
Le printemps va venir, et, vers la mi du mois,
L'herbe amère apparaît et rappelle nos lois.

מתחלה Heureux temps! car ces lois, dont la source est
Nous disent d'autres jours!.. Jadis, dans l'origine, [divine,
Nos ancêtres pieux cherchaient avec candeur
Dieu, cet Etre éternel, qui fit notre grandeur !
Dieu !... qui se révéla pour un peuple de pâtres.

Abraham est pieux, bientôt plus d'idolâtres.
Il eut Pharé pour père, et pour frère Nachor.
Puis, tous trois de Dieu seul attendirent leur sort.

Un jour, c'est constaté dans la sainte Ecriture,
Abraham le Pieux, au Dieu de la nature,
Offrit son fils chéri, sur le haut Moriah,
Et, depuis ce grand jour, Dieu nous sanctifia.

ואקח « J'ai pris votre Abraham tout au-delà du fleuve ;
» Au pays Canaan, il subit son épreuve !..
» Isaac, son enfant, par lui sanctifié,
» Me fut offert un jour. Il l'eût sacrifié !
» Car sur le Moriah, à ma toute puisssance,
» Il allait l'immoler, pieuse obéissance.
» Mais, je suis la bonté : Miséricordieux,
» J'aime l'homme craintif !... et je le veux pieux !
» Isaac fut béni. Digne fils de son père,
» Oui, j'accueillis jadis sa fervente prière.
» Il eut par moi Jacob, comme il eut Esaü.
» Esaü sur Seïr put placer sa tribu.

» Jacob et ses enfants en Égypte s'en vinrent,
» Et leur postérité s'accrut !... Puis ils s'y tinrent
» Jusqu'aux jours de Moïse et celui du départ,
» Louons donc l'Éternel, le protecteur d'Agar. »

ברוך Loué soit le Seigneur ! Il tient à ses promesses :
Il protége Israël, a pour lui des richesses.
C'est Dieu, qui dit un jour : « Approche, écoute, apprends :
» Abraham, sache bien que toi, tes descendants,
» Vous serez exilés du pays de vos pères ;
» Quatre siècles durant j'entendrai vos prières !...

» Jouets de l'étranger, opprimés vous serez ;
» Mon bras vous soutiendra, car vous m'adorerez.
» Triomphants, au retour, vous direz ma clémence ;
» Car je suis le Dieu fort et la toute-puissance ! »

On prend le verre à la main et on dit :

והיא   C'est le Dieu tout-puissant que nous adorons tous ;
Il est le souverain qui protégea nos pères !
Égide et bouclier, nous le vénérons, nous,
Tout comme nos aïeux dans leurs temps plus austères.

On pose les verres.

צא   Frères, écoutez-moi ; je vais du froid Laban
Vous dire les méfaits ; vous montrer le tyran !!...
Nos pères sont courbés, souffrent tout des despotes ;
Déjà, depuis longtemps, admis comme des hôtes,
Abraham, Isaac, sont retournés vers Dieu,
Mais tous leurs descendants gémissent en tout lieu !...

Ainsi que Pharaon, Laban l'atrabilaire,
Veut tout anéantir, dans sa rage arbitraire.
L'enfant premier-né, seul, est pour l'Égyptien
Et doit être immolé. Laban, l'Araméen,
Homme plus sanguinaire, exige, veut, demande
Tout enfant d'Israël en commande l'offrande.

Ses sbires, ses bourreaux fouillent partout alors ;
Jacob part pour l'Égypte, emportant ses trésors

Là, sous l'œil du Très-Haut ; là, le saint Patriarche
Entouré de ses fils, tous d'Israël, sainte arche,
Sous la tente, au Seigneur, dit ses pieux revers :

« O Toi, Dieu d'Israël ! seul roi de l'Univers !
» Tiens-moi, loin du péché, daigne *voir ma famille!*
» Qu'elle se multiplie, et, sous Ton œil fourmille !
» *Bénis!* ô Tout-Puissant, Toi, le Dieu d'Equité !
» *D'Abraham,* d'Isaac, *l'humble postérité! »*

Eh ! sous l'œil du Seigneur, chaque jour plus pieuse,
Jacob la vit alors, et *puissante* et *nombreuse.*

Frères, tout est écrit, et tout est consacré ;
Tout s'accomplit depuis : chaque mot est sacré !
Pour l'avenir, alors, on dut donc les transcrire.
Je vais les expliquer ; et, chacun les redire.

ויבד *Jacob part pour l'Égypte,* et, sur l'ordre de Dieu,
Là, sous l'œil du Très-Haut, s'en vint alors l'Hébreu,
Confiant en Lui seul, au milieu de ses frères.
(Tout enfant d'Israël, dans ses humbles prières,
A son prochain, toujours, a donné ce doux nom.)
Bientôt, par ses enfants, il dit à Pharaon :
« Qu'au pays Chanaan, est grande la famine ;
» Qu'il veuille, qu'à Goschen, son bétail s'achemine ;
» Ses troupeaux sont souffrants et traînent leurs douleurs,
» Que lui, que ses enfants seront ses serviteurs ;

» Et que d'ailleurs tous eux y seront de passage ;
» Ils cherchent seulement un heureux pâturage ! »
Le Seigneur le voulut, pour longtemps l'y lia.
Il y séjourna donc, et s'y multiplia !...

S'adressant au Très-Haut, il dit : « *Vois ma famille :*
» Soixante-dix Hébreux ; ah ! fais qu'elle fourmille !
» Qu'elle s'augmente et soit, sous l'œil de l'Éternel,
» Nombreuse !... ainsi que sont les étoiles au ciel !
» Que mes fils à venir, rappelant leurs ancêtres,
» Te chantent à jamais, ô Toi, le suprême Etre !
» *Ah ! bénis d'Abraham, l'humble postérité !*
» Car, je veux conserver ta nationalité.
» Plus tard, Toi, l'Éternel, tu la feras puissante
» Et nombreuse partout, comme l'herbe croissante ! »

וירעו Dans ces temps, loin de nous, Israël maltraité,
Opprimé, malheureux, sut, avec fermeté,
Devant l'Égyptien, se faire grand et digne ;
Et, dans ses durs travaux, prier la main bénigne.
Elle éprouve les bons pour les rendre meilleurs ;
Au Maître souverain, il adressait ses pleurs.
Tous pliaient sous le joug d'incorrigibles maîtres.
Mais, grands dans le malheur, furent tous nos ancêtres.

Chaque passage est là pour être récité.
Ils sont vrais, je les dis ; chacun fut médité.
Nos aïeux *maltraités*, le furent par prudence !...
Pharaon, défiant, craignait leur descendance.

Voyait dans Israël, étranger au pays,
Des hommes toujours prêts... qu'il jugeait ennemis!..

Ils furent *opprimés*, par dure défiance :
On leur donna des chefs ; à peine l'existence !
A Ramsès, à Pithon des forts furent construits ;
Et, comme travailleurs, ils y furent conduits !...

ויצעק Ils étaient désolés : *Alors à l'Eternel,*
Chaque jour plus souffrants, un chant, cri d'Israël,
Exprimait sa douleur ; lui portait son angoisse,
Et le Seigneur disait : « Je veux qu'elle décroisse ! »
Oui, Dieu, voyant nos maux, *nous exauçait un jour;*
Sa nation, depuis, eut toujours son amour !
Car le Très-Haut est bon : il est la grâce même !
Il est le Tout-Puissant ! il est l'Etre suprême !

Alors à l'Éternel nos pères plus souffrants,
Voyant croître leurs maux, les rois intolérants,
Leur causant, chaque jour, de nouvelles misères,
Suppliaient le Seigneur d'entendre leurs prières !
Les Pharaons mouraient, tristes successions,
C'étaient, pour nos aïeux des persécutions!..
Tout allait s'aggravant, partout la violence.
Dieu se lassait enfin ; et sa haute puissance
Frappait nos durs tyrans, secourait Israël.
Ah ! des cris de bonheur arrivèrent au Ciel !

Car Dieu nous exauçait. Oui, sa haute clémence
Se souvenait alors de la sainte alliance
Faite avec Abraham, Isaac et Jacob !
Le Seigneur vit nos maux ! Ainsi qu'aux jours de Nob,
Il relevait alors, dans sa sollicitude,
Nos aïeux malheureux cherchant la quiétude.

Les époux séparés lui doivent leur bonheur ;
Et, dans un chaste amour va renaître leur cœur,
Quand tout était tourments !.. Sous les yeux de la mère.
L'enfant mâle, frappé, succombait en prière ;
Le Nil était du sang ! le sang du jeune Hébreu !...
Oui, *Dieu vit nos douleurs !* Par le fer, par le feu,
Les guerriers du Nil, infâme multitude,
S'acharnent ; de nos maux font une triste étude ;
Tout Égyptien opprime Israël aux abois,
Qui n'a, dans son malheur, nul secours dans les lois.
Loué soit l'Éternel ! Il secourut nos pères,
Leur conservait leur fils et consolait les mères !

ויוציאנו   Dans ces temps de l'Égypte et grâce à l'Éternel,
Nos aïeux triomphants par son bras paternel
Sortaient !... Sur l'ennemi, Dieu, suprême Puissance,
Répandait la terreur, et sur nous, sa clémence !
Ses miracles à tous, proclament son saint nom.
A ces signes certains, tremble le Pharaon.

Frères, tout est écrit, ce ne sont pas les anges ;
Des séraphins soumis les sublimes phalanges,

Qui, saints médiateurs, sauveront Israël :
Moïse est valeureux ; il sait que l'Eternel,
Est *lui-même* avec nous, *dirige la Judée ?*...
Il marche confiant et conduit *son* armée.

Par Dieu déjà frappé, de l'Égyptien l'enfant
Meurt sous ses yeux la nuit : il n'est plus triomphant...
Le Nil porte les morts, car la haute colère,
Qui frappe lentement, à regret est sévère :
Sur tous les *premiers-nés* a fait passer les maux ;
Tout meurt, qu'il soit de l'homme ou *qu'il soit d'animaux.*

« *Moi,* le *fort,* le *puissant,* le *seul,* le *valeureux,*
» *Je viens anéantir l'idole* et les *faux dieux.*
» *Je serai sur l'Egypte* et j'en serai le maître :
» Moi-même, l'Éternel ; moi, Dieu, le suprême Être,
» Je viens la châtier, je serai son fléau ;
» Moi-même, le Seigneur : *ma main, comme l'étau,*
» Pressera les tyrans et leurs noirs acolytes,
» Despotes et bourreaux, avides satellites !...

» Pas de médiateur, de séraphin ni d'ange,
» Je suis le Tout-Puissant, le maître de l'archange ;
» Oui, je viens pour frapper, consacrer Israël,
» Car je suis seul son Dieu, l'Unique, l'Éternel !... »

C'est le glaive à la main que sortirent nos pères :
Un ange les guidait, et leurs saintes prières

Aux pieds de l'Eternel arrivèrent soudain ;
L'ange les dirigea vers les bords du Jourdain.

En vain l'enfant du Nil veut arrêter leur marche,
Ils cheminent vainqueurs ! Les fils du patriarche,
Victorieux partout, confiants au Seigneur,
Vont combattant toujours et toujours sont vainqueurs.
La terreur du Dieu fort est l'effroi des phalanges,
Israël, glorieux, entonne ses louanges.

Loué soit l'Eternel ! Sa bénédiction
Protégea ses enfants, garda sa nation ;
C'est lui qui, des tyrans, sut briser les entraves :
Il nous délivra tous ; quand nous étions esclaves,
Quel autre Dieu que lui sut se montrer plus grand ?
Qui, mieux que l'Éternel, sut glacer un tyran ?
Aux yeux de l'idolâtre il montrait sa puissance,
Et disait : « D'Israël je suis la Providence ! »
Dans les mains de Moïse il mettait un bâton,
Signe ! verge ! terreur ! effroi de Pharaon.

Ses miracles, alors, étonnaient la Judée.
Le peuple saint marchait : pur encens, la fumée
Le guidait, saint fanal, au milieu des déserts,
Et, sacrés tourbillons, au roi de l'univers
S'élevaient et portaient des chants de délivrance
Empreints de son amour, de sa reconnaissance.

Les maux vont accabler ces guerriers trop hardis
Que rabbi Yéhouda croit s'élever à dix ;
Ils seront impuissants sous les yeux de nos pères ;
Pour notre enseignement, désignons-les, mes frères.

L'eau, limpide la veille, était changée en *sang*,
Les *grenouilles*, alors, sortirent de l'étang,
La *vermine* couvrit les enfants de l'Egypte,
Et *la bête féroce*, abandonnant la crypte,
Sur l'homme assouvissait et sa rage et sa faim,
Le poursuivait partout, était sur son chemin ;
Le bétail succombait sous l'*épizcotie*,
Tout tremble quand de Dieu la haute main châtie ;
La *lèpre* s'acharnait sur l'homme enfant du Nil,
Et la *grêle* affamait encore le Gentil,
La *sauterelle* vint.... Comme voiles funèbres,
Allant, se propageant, elles furent *ténèbres* ;
Et, tous les *premiers-nés* succombèrent enfin...

רבי יוסי Jossé-Galiléen, docte et sage rabbin,
Commentant l'écriture, y trouva deux passages
Qui devinrent pour nous, depuis, de saints adages ;
Par le nombre de *cinq* ces *dix* multipliant,
Il jugea que sur mer, sur le rouge Océan,
On devait les porter au nombre de cinquante.
רבי אליעזר Le docte Eliezer, de beaucoup les augmente ;
עקיבא Puis enfin Akiba, supputant certain jour,
Finalement, encor, les augmente à son tour (à 250).

כמה   Combien de l'Eternel est grande la clémence !
A lui tout notre amour, notre reconnaissance ;
Il nous comble de biens, en combla nos aïeux ;
Il fut, est et sera miséricordieux.

Si, brisant en un jour nos chaînes, nos entraves,
Il nous eût délivrés quand nous étions esclaves,
Sans punir l'Égyptien, si fier dans son défi,
Cela seul, du Seigneur, cela nous eût suffi !

Si, frappant le tyran dans ses justes colères,
Il l'eût frappé lui seul, sans frapper ses chimères,
Et de tous leurs faux dieux ne nous eût affranchis,
Cela seul, du Seigneur, cela nous eût suffi !

S'il eût frappé leurs dieux de sa toute-puissance,
Gardé leurs premiers-nés dans sa haute clémence,
Puni le vaniteux, de ses soldats, bouffi,
Cela seul, du Seigneur, cela nous eût suffi !

Si, d'Israël, enfant, il voulut la vengeance,
Respectons ses décrets, il est la Providence ;
Il pardonne longtemps, fait grâce au *repenti* !
Pour nos pères, heureux, cela nous eût suffi !

Si, comblant nos aïeux dans ses hautes largesses,
Frappant le Pharaon, eût noyé ses richesses,
Et rappelé le flot quand nous l'eûmes franchi,
Cela seul du Seigneur, cela nous eût suffi !

Si, séparant les flots de la mer desséchée,
Il l'eût fermée aux yeux de la foule empêchée,
Israël eût subi les coups de l'ennemi ;
Mais nous laissant passer, cela nous eût suffi !

Si, séparant la mer, il ne l'eût desséchée,
Qu'aurait donc fait Juda, pauvre foule pressée?
Devant le Pharaon, Israël eût frémi !
Mais, desséchant les flots, cela nous eût suffi !

Si, nous laissant passer cette mer séparée,
Il l'eût fermée après sur l'Égygtienne armée,
Sans l'engloutir aux yeux d'Israël ébahi,
Cela seul du Seigneur, cela nous eût suffi !

Si, les submergeant tous, bornant sa bienfaisance,
Il ne nous eût alors donné la subsistance ;
De la manne du Ciel ne nous eût pas nourri !
Cela seul du Seigneur, cela nous eût suffi !

Si, pendant quarante ans, par sainte prévoyance,
Il nous eût autrement accordé l'existence,
Sans nous donner la manne, Israël affranchi
Eût loué le Seigneur, cela nous eût suffi !

S'il nous avait donné la manne en nourriture,
Sans donner à Juda, son humble créature,
Le Sabbat, saint sacré, ce jour qu'il a béni,
Cela seul du Seigneur, cela nous eût suffi !

Si, du jour du Sabbat, jour saint et d'ordonnance,
Il eût gratifié nos pères dans l'enfance,
Sans les conduire après au pied du Sinaï,
Cela seul du Seigneur, cela nous eût suffi !

Si, sur le Sinaï, Moïse, l'homme austère,
N'avait reçu de lui, ce Dieu que tout vénère,
Sa loi sainte, sacrée et révérée aussi,
Cela seul du Seigneur, cela nous eût suffi !

Si, nous donnant alors la morale en exemple,
Nos lois, dépôt sacré, Dieu n'eût donné de temple;
Mais Israël heureux put s'y voir réuni !
Ah ! cela du Seigneur, cela nous eût suffi !

Oui, l'Éternel est grand ! Il est la bienfaisance !
Nous comble de faveurs; nous donne l'existence.
Loué sois-tu, mon Dieu ! toi, le roi souverain !
Tu soutiens Israël, le gardes de la faim.

Des mains de l'Égyptien un jour il sort nos pères,
Et le frappe bientôt de ses justes colères!
Ses dieux, honteux, confus, sont de vains ornements :
Ils subiront sa loi, ses justes châtiments !
Les premiers nés du Nil, terribles funérailles,
Disent à Pharaon : « Ce sont des représailles ! »
Dieu divise les flots qui nous laissent passer;
Israël, d'un pas sûr, pourra les traverser !

L'ennemi, confiant, poursuit !... Mais son armée,
Aux yeux de tous, alors, sur les flots parsemée.
Aux enfants d'Abraham, dit le Dieu tout-puissant !
Moïse, radieux, pieux, reconnaissant,
Entonne l'hymne saint ; et, chantant sa clémence,
Acclame l'Éternel !... il dit sa bienveillance !

C'est Dieu qui, submergeant nos noirs persécuteurs,
Nous donnait tous leurs biens, pour payer nos douleurs ;
C'est lui qui, quarante ans, sublime prévoyance,
Au milieu du désert, nous donnait l'existence ;
C'est lui qui, du Sabbat, sut nous gratifier ;
Puis, après, nous conduit pour le glorifier
Au pied du Sinaï ! Là, Dieu dit à Moïse :
« Marche !... Dirige-les vers la Terre Promise ;
» Je t'ai donné la loi, palladium d'Israël ;
» Qu'il l'observe à jamais, c'est le Pacte éternel. »
C'est Dieu qui, sous ses yeux, fit élever son Temple,
Et mit dans la Thora la morale en exemple,
Pardonnait le passé ! Miséricordieux,
Oubliait leurs péchés et ceux de leurs aïeux !

רבן גמליל Rabban Gamliel dit : « Écoute, Israélite :
» Tu veux que ton devoir ait en tout son mérite ?
» Eh bien ! pour l'accomplir, ce juste et saint devoir,
» Prononce, tu le dois, trois phrases, à savoir :
» Dis-donc : *Agneau pascal*. Dis aussi : *Pain azyme*.
» Rappelles l'*Herbe amère*, entourant la victime ;

» Et ton cœur satisfait, alors reconnaissant,
» Par ta bouche aura dit : « Mon Dieu! c'est le puissant. »

פסח Frères, tout est écrit. Le pourquoi de ces phrases,
Je dois vous l'expliquer, elles disent trois phases :
L'*Agneau pascal*, pour nous, est un grand souvenir :
Il rappelle que Dieu dit : « Ange au noir soupir,
» Préserve d'Israël les pieuses demeures !
» Je passe sur l'Égypte avec les noires heures.
» Les enfants des tyrans sous mes coups vont mourir ;
» Mais que le peuple saint, le peuple d'avenir,
» Soit respecté de toi ! Je veux et je commande !
» Ils sont fils d'Abraham, l'homme à la sainte offrande. »

Loué soit l'Éternel ! loué soit-il de tous ;
Il fut saint gardien quand il portait ses coups !

מצה Je dois vous dire aussi pourquoi le *Pain azyme :*
Il est, pour Israël, souvenir légitime !
Il dit à leurs enfants : « Jadis tous nos aïeux,
» Esclaves d'un tyran, courbés et malheureux,
» Fuyant la mort, alors la mort d'ignominie,
» Préférèrent l'exil : il est sans tyrannie !...
» Ils fuyaient, sans soucis de la mort, par la faim,
» Confiants au Seigneur, Dieu, le grand Souverain,
» Le Roi de l'homme simple et le Roi des monarques,
» Le seul Dieu d'Israël qui commandait les Pâques. »

Alors le peuple saint put fuir en conquérant.
« *Vivre libre ou mourir !* dit-il ; mais en mourant
» Nous confesserons Dieu, protecteur de nos pères !
Et le Seigneur alors protégea leurs misères !...

Dans le désordre, tous ils souffrirent la faim ;
Ils avaient la farine, ils manquaient de levain.
Sur les charbons ardents, à la hâte on fait cuire
Une pâte étendue et mince... qui doit nuire,
Si Dieu ne soutient pas ces hommes haletants
Qui gardent leur famille en comptant les instants,
Comme ils sont, eux, gardés par sa haute clémence !

   Loué soit le Seigneur ! Il est bien la Puissance !
Il nourrit du Matzoth le peuple d'Israël !
Tout doit donc le chanter, car il est paternel !

מרור Je dois vous dire enfin pourquoi cette *Herbe amère :*
Elle est dur souvenir ! emblème de misère !...
Il faut vous l'expliquer ; dire à la descendance
Les maux de nos aïeux avant leur délivrance !
Vous *répéter* à tous qu'à Ramsès, à Pithon,
Nos pères travaillaient sous le dur Pharaon ;
Qui fut pour eux, hélas ! qui fut pour nos ancêtres
La verge de douleurs !... Il leur donna des maîtres.
Despotes, vils bourreaux, tous sanguinaires gens
Qui faisaient d'Israël un peuple d'indigents,

Courbés sous ses labeurs, manquant de subsistance.
Amère était sa vie; il est dans la souffrance.
Dès que le jour paraît, au fourneau, son tourment,
Il appelle la mort; elle va lentement.
Du carreau, dans sa main, il a pétri l'argile;
Construit le piédestal de l'idole fragile.
Dans les mines, les champs, promenant ses douleurs,
Il est là, misérable, et pleure ses malheurs!
Chaque jour plus souffrant, il n'a que la prière,
Et le cri de son cœur fut celui de son père!...

Frères, vous comprenez! C'est pourquoi nous mangeons
L'herbe amère en ce soir ! Ces bénédictions
Sont donc un souvenir de jours de dépendance,
Mais disent hautement celui de délivrance!

בכל-דור Dans chaque siècle, alors, tout enfant d'Israël
Doit donc dire chaque an : « C'est le Dieu paternel
» Qui garda *mes* aïeux. S'il délivra *mes* pères,
» Il *me* gardait aussi, comme il gardait *mes* frères ! »
Et nous trouvons écrit : « Soyons reconnaissants,
» Pour nos pères, pour nous, comme pour nos enfants !
» C'est Dieu qui nous sauvait de nos terribles maîtres;
» Il promit et donna Sion à nos ancêtres! »

On prend le verre à la main et tous disent à haute voix :

לפיכך C'est pourquoi nous chantons et louons le Seigneur.
Oui, c'est un saint devoir! Il est le Créateur!

Nous devons l'exalter et chanter sa clémence!
Ses miracles pour nous furent la délivrance.
Le temps n'a fait depuis que le sanctifier !
Et chaque Pâque, alors, louer, glorifier
Le Très-Haut, le Puissant; le Dieu de la justice !
Ce Dieu qui, pour tribut, demande en sacrifice
Notre amour, nos respects, notre adoration !
Chantons-le jour et nuit, c'est le Dieu de Sion !

Il sauvait Israël du plus dur des servages;
En fit des hommes libres, ils étaient des esclaves;
Conviait au bonheur nos pères soucieux !
Au jour de deuil, bientôt succèdent radieux,
Et le jour de la joie, et le jour de la fête !
Puis, le jour des combats est le jour de conquête !
Entonnons l'hymne saint! Tout le glorifia!
Louons tous sa bonté ! Chantons l'Alleluia!

PSAUME CXIII.

הללויה (HALLELOUYA).

Loue, enfant d'Israël,
Le nom de l'Éternel !

Que ce nom soit chanté par tous, et d'âge en âge.
Il fut notre Sauveur ! Il est d'heureux présage !
Du lever du soleil, jusqu'au point du déclin,
Tout à la vie !... Et dit : « Gloire à son nom divin ! »
Tout chante du Seigneur la haute prévoyance !
Il est tout à la fois, et force et bienveillance !

      Loue, enfant d'Israël,
      Le nom de l'Éternel !

Les nations partout entonnen ses louanges ·
Il est roi d'ici-bas : Il est le roi des anges.
A sa voix tout s'émeut ; et la terre et les cieux !
Il calme l'aquilon, le flot ambitieux,
Rassérène le ciel, fertilise la terre ;
Il est le Dieu de tous, et chacun le vénère !

      Loue, enfant d'Israël,
      Le nom de l'Eternel !

Qui ? comme le Seigneur, de son regard embrasse
L'Univers qu'il créait et lançait dans l'espace ?
Qui relève l'homme humble et lui dit : « Prends ton rang
« Sors de l'obscurité ! C'est moi qui te fais grand.
« Va, quitte ton réduit ; va, quitte ta chaumière ;
» De tes habits poudreux va montrer la poussière !... »

Loue, enfant d'Israël.
Le nom de l'Eternel !

Il bénit la maison de la femme stérile,
Sait réchauffer son sein, et la rendre fertile.
Qui, comme le Seigneur, est le roi de bonté ?
Qui sait mieux inspirer l'amour, la chasteté ?
Cet amour saint, sacré disant à tous la mère :
Elle aime les enfants, comme elle aime leur père !

Loue, enfant d'Israël,
Le nom de l'Éternel.

PSAUME CXIV.

בצאת ישראל (ISRAEL SORTANT D'ÉGYPTE).

Enfants, écoutez tous ! C'est la voix du Puissant !
Elle sortit un jour l'univers du néant.

La maison de Jacob, un temps était esclave :
Il accourt, frappe alors, et brise son entrave.

Du barbare Egyptien fut libre le chemin ;
Il fuit épouvanté !... revient... mais c'est en vain,
Juda sera vainqueur, sera son sanctuaire :
Israël est saint peuple, Israël est sincère !

Enfants, écoutez tous ! c'est la voix du Puissant !
Elle sortit un jour l'univers du néant !

La mer l'entend, s'enfuit ! Le Jourdain dans sa course
S'arrête tout surpris, remonte vers sa source !
La montagne bondit. Tout comme des troupeaux,
Les collines alors semblent à des agneaux.
Qu'as-tu, mer, pour t'enfuir ? Jourdain, qui te tourmente ?
Montagnes et coteaux, qui donc vous épouvante ?

Enfants, écoutez tous ! c'est la voix du Puissant !
Elle sortit un jour l'univers du néant !

Le rocher de sa voix a connu la puissance ;
Son sein alors se fond et coule en abondance.
Moïse, d'un pas sûr, vers l'aride coteau,
Guidé par cette voie, frappe la pierre ; et, l'eau
Source vive, soudain va couler sous sa verge,
Et fertilisera l'herbe sèche et la berge !

Enfants, entendez-vous ? c'est la voix du Puissant ;
Elle sortit un jour l'univers du néant !

בָּרוּךְ

Éternel, sois loué! Toi, sublime clémence,
Qui nous a secourus par ta toute-puissance,
En délivrant alors nos pères malheureux!
L'Egypte était pour nous un séjour douloureux.
Tu nous as conservés jusques à cette nuit.
Retirés, nous prions, loin du monde et du bruit.
Entends, grand Dieu, nos chants! conserve-nous encore
Jusqu'au jour radieux, à la brillante aurore,
Que nous espérons tous!... O soleil de Sion!
Réunis-nous, Seigneur! Refais-nous nation!
Rassemble les morceaux épars par tout le monde
Puisses-tu le vouloir, ô sagesse profonde!
Ah! ne nous laisse pas plus longtemps dans l'oubli!
Tous, nous désirons voir ton temple rétabli.

Jour de Jérusalem; jour des saintes trompettes,
Quels seront les Hébreux conviés à tes fêtes?
Nous y sacrifierons, dans ces jours solennels,
Le pacifique agneau. L'encens sur les autels,
S'élevant vers les cieux, portera nos louanges.
Dignes cris de nos cœurs!... Que te diront les anges?

   Loué soit l'Éternel,
   Protecteur d'Israël.

On prononce la bénédiction suivante et l'on boit.

ברוך Loué soit le Seigneur ! il est sublime et digne ;
Il a créé pour tous le doux fruit de la vigne.

On se lave les mains et on dit la bénédiction suivante :

רחץ (RACHATZ).

Loué soit notre Dieu ! qu'il soit glorifié !
Il veut la propreté de tous, il la demande,
Ce qu'il veut est sacré : c'est la loi qui commande.
Louons tous l'Eternel, qu'il soit sanctifié !

מוציא מצה (MOTZI-MATZA).

Le chef de famille prend la mitzwah supérieure et dit :

Loué soit l'Eternel, que chacun le vénère !
Il a créé le pain ; l'a sorti de la terre !

Il prend ensuite la moitié de la mitzwah du milieu et on en mange chacun un morceau en disant la bénédiction ci-dessus.

Loué soit l'Éternel, lui le Dieu légitime !
Il nous l'a commandé, mangeons le pain azyme.

מרור (MAROR).

Le maître de maison prend des herbes amères, les trempe dans le Harochseth; prononce la bénédiction suivante et mange.

Soit loué de nous tous, ô roi de l'univers !
Qui nous a commandé de manger l'herbe amère ;
Souvenir des douleurs, souvenir des pervers
Qui frappaient Israël dans un temps trop sévère.

כורך (KORECH).

Le maître de maison prend un morceau de la troisième mitzwah (celle de dessous). Il y joint un morceau de raifort ou d'herbe amère, et prononce la formule suivante sans tremper et sans dire de bénédiction.

RIT ALLEMAND.	RIT PORTUGAIS.
En souvenir du temple, Hillel nous sert d'exemple.	En souvenir du temple, Le vieux Hillel nous sert [d'exemple.

Frères, quand nation, les enfants d'Israël,
A Sion radieuse avaient leur pieux temple ;

Un vieillard sage en tout, le saint et vieux Hillel
Était pour les Hébreux, un juste et docte exemple.
Fervent, il entourait alors l'agneau pascal,
D'herbe amère; en mangeait, complétant les préceptes.

Souvenir du passé, festin patriarchal,
Comme lui faisons donc : nous sommes ses adeptes.

שלחן עורך (SCHOULCHAN-ORECH).

On enlève le plat de Séder, on met le couvert et l'on prend le repas du soir.

APRÈS LE REPAS.

צפון (TSAPHON).

Le repas terminé, le maître de la maison prend la demi-mitzwah qu'il avait mise en réserve, il en mange un morceau de la grosseur d'une olive et en donne autant à chacun des assistants. Cette demi-mitzwah prend le nom d'Aphikomen.

ברך (BARECH).

On verse le troisième verre et l'on dit :

LA BÉNÉDICTION,

OU ACTIONS DE GRACES APRÈS LE REPAS.

Le chef de famille ou l'officiant.

Frères, de nos aïeux suivons en tout les traces,
D'ailleurs c'est un devoir, il faut dire nos grâces !

Les assistants répondent.

Que le nom du Seigneur, que le Dieu de bonté
Soit loué d'à présent, jusqu'à l'éternité!

Le chef : avec la permission de mes frères (et de mon père).

Souverain notre Dieu, Roi souverain des anges,
Daigne entendre nos chants, écoute nos louanges!

Le chef continuant :

O sois loué de tous, toi le Dieu des bienfaits!

Les assistants :

Nous louons l'Éternel pour chacun de ses faits!

Le chef :

Acclamons notre Dieu, disons sa bienfaisance,
Car nous lui devons tous notre reconnaissance.
Loué soit-il de tous! loué soit son grand nom!
Il est tout : les bienfaits, la bénédiction (1).

---

(1) Les Allemands ne disent pas ces quatre vers quand les hommes ne sont pas au moins au nombre de trois.

ברוך . . . . הזן את

Éternel, sois loué ! toi suprême puissance !
Toi roi de l'univers ! toi roi de l'abondance !
Tu nourris les mortels par pure charité
Et non pour leur mérite ou pour leur équité (1).
Chaque jour, ô Seigneur, ta main dresse la table
Pour tout être créé, car toi le charitable,
Dans ta divine main, tiens la fertilité.

Pour nous que de bienfaits ! et quelle charité !
Infinie et suprême à toute créature,
Ta providence à tous donne la nourriture.
Prévoyant à la fois, tes saints, tes doux bienfaits
Ont nourri le passé, nourriront à jamais.
O sois loué de tous, ô sublime clémence !
Toi qui dépars à tous labeurs et subsistance.

נודה לך יי׳ Nous te louons, Seigneur, comme tout Israël,
N'es-tu pas notre Dieu ? N'es-tu pas l'Éternel ?

---

(1) Les Allemands ne disent pas :

    Et non pour leur mérite ou pour leur équité.

Nous te louons ici, car tu sauvas nos pères,
Accueille des enfants les ferventes prières,
Tu ravis nos aïeux du fer du Pharaon ;
En fertile pays sainte possession,
Tu les mis pour longtemps à l'abri du servage,
Tu les a délivrés du plus dur esclavage,
Tu scellas notre chair et ta divine loi,
Tes préceptes sacrés, pour mes frères, pour moi,
Egide et bouclier commandent la concorde !
Tu nous sanctifias, douce miséricorde,
Et chaque jour encor, divins commandements,
Ta loi sait protéger ; veille à nos aliments !

וְעַל הַכֹּל   Pour toutes ces bontés, Éternel, ô puissanc'
Nous te louerons toujours suprême bienveillance,
Nous dirons tes bontés, nous dirons notre Dieu !
O saint dispensateur, nous t'en faisons l'aveu.

Que ton nom soit loué, qu'il le soit d'âge en âge,
Ainsi qu'il est écrit, et c'est d'heureux présage :
« Après avoir mangé, t'être rassasié,
» Tu loueras le Seigneur ! qu'il soit glorifié,
» Pour l'excellent pays qu'il donnait à nos pères,
» Sois loué, Souverain, accueille nos prières.

רַחֵם   Prends-nous en pitié, Seigneur, toi l'Eternel !
Sous ton aile, ô mon Dieu, place enfin Israël

Que ton peuple, à Sion accompagné des anges,
Aille chantant pour toi ses pieuses louanges !
Qu'en ton temple Israël, puisse exalter ton nom ;
Dignes fils de David, fais que ta nation,
Grand troupeau dispersé, vienne sous ta houlette
Entonner l'hymne saint, emboucher la trompette !
Oh! sois notre pasteur ! prends pitié de nos maux !
Tu nous nourris partout, rassemble tes agneaux,
Protége-nous, mon Dieu ! sors-nous de dépendance ;
Qu'Israël à toi seul doive sa subsistance !
Sous ton égide saint nos frères oublieux
Trouveront l'homme alors miséricordieux.

Le Sabbath on ajoute :

רצה

Qu'il te plaise, Eternel, de nous fortifier
Dans tes commandements et dans tes saints préceptes ;
Ce jour est le Sabbath, qu'on doit sanctifier :
Il est jour de repos pour nous tous, tes adeptes.
Qu'il te plaise, ô Seigneur, que ce jour tout sacré
Soit à l'abri des maux et soit exempt de peine !
C'est toi qui le fis grand, et tu l'as consacré.
Que Sion soit enfin une pieuse reine !

Qu'en ton temple Israël chante : « Jérusalem,
» Ah ! sors de ton tombeau ! » et disons tous : Amen.

עלה יבא Eternel, notre Dieu, notre roi, notre père,
Que notre souvenir soit devant toi, prière ;
Que le fils de David, le Messie espéré,
Attendu, de nous tous, vienne et soit consacré !
Jérusalem en pleurs, Jérusalem la sainte,
Qui depuis si longtemps entonne sa complainte,
Jérusalem, priant, chantera son bonheur,
Et sous les fleurs, l'encens, oubliera son malheur.
Qu'en ce soir solennel, qu'en cet anniversaire,
Ce souvenir fervent aille à ton sanctuaire,
Et soit devant ta face un souvenir de paix,
De satisfaction ! qu'il dise tes bienfaits ;
Souviens-toi du passé, de Sion, de sa gloire ;
Rappelle-nous, ce soir, à ta sainte mémoire.
Prête-nous ton secours et la félicité,
O toi ! le souverain, le roi de majesté !
Vers toi nos yeux tournés implorent ta clémence,
Ta grâce, ta bonté, ta suprême puissance.

ובנה ירושלום Oui ! de Jérusalem relève enfin les murs,
Change en des jours brillants, change nos jours obscurs.
Loué soit l'Eternel : il est la bienfaisance,
Il fera pour Sion le jour de la puissance.

ברוך Éternel, sois loué ! chanté sois-tu, Seigneur,
O toi le bienveillant, notre libérateur,

Notre saint, notre roi, toi le Dieu de nos pères,
Qui créas les mortels pour qu'ils devinssent frères ;
Notre divin pasteur et celui de Jacob,
Le bienfaiteur de l'humble et qui relevait Job ;
Toi, le Dieu de bonté, toi, le Dieu de clémence !
Miséricordieux sur tous, ta bienfaisance
Se répand chaque jour ! Tu nourris les vivants,
Pieux ou relâchés, impurs ou bien fervents :
Tout sent de ta bonté la longue patience ;
Tu frappes lentement, attends la repentance.

Israël par toi seul fut toujours protégé:
Ainsi, des peuples saints lui, le mieux partagé,
Aura de toi, Seigneur, tes lois et l'abondance.
Ces lois sont pour nous tous la paix, la bienveillance ;
Tes grâces pour Juda sont la prospérité,
Notre secours, nos biens et notre fermeté.
Ainsi sur tes bienfaits, oui, nous, comme nos frères,
Nous comptons, ô Seigneur, comme espéraient nos pères.

הרחמן

Que l'Éternel, le Dieu miséricordieux,
Règne à jamais sur nous, soit notre Providence ;
Qu'il soit loué de tous ici-bas, dans les cieux :
Il est le bienveillant, il est toute-puissance !

Que l'Éternel, le Dieu miséricordieux,
Soit à jamais loué, qu'il le soit d'âge en âge ;
  Qu'il soit chanté de tous : il est prodigieux ;
Il nourrit les mortels, est toujours bon présage !

Que l'Éternel, le Dieu miséricordieux,
Rassemble ses enfants : il est le charitable ;
  Qu'il soit loué de tous ; que, nous trouvant pieux,
Sa bénédiction descende à cette table !

Que l'Éternel, le Dieu miséricordieux,
Nous visite bientôt par le prophète Élie ;
  Qu'il soit loué de tous, il est le glorieux :
Il promit, enverra la paix qui concilie !

RIT ALLEMAND.

Le chef de famille :

Que l'Éternel, le Dieu miséricordieux,
Bénisse tous les miens, mes enfants et ma femme,
  Tout ce qui m'appartient, nous fasse tous joyeux,
Car il tient en sa main notre corps et notre âme !

Les enfants :

Que l'Éternel, le Dieu miséricordieux,
Bénisse à tout jamais et mon père et ma mère,
Mes frères et mes sœurs, et mes officieux,
Ce qui nous appartient, et le rende prospère !

Les étrangers :

Que l'Éternel, le Dieu miséricordieux,
Bénisse la maison, en protége les maîtres,
Les fasse prospérer ; qu'ils soient toujours pieux ;
Il est le protecteur du chef et de ses êtres !

———

Qu'il nous protége tous, qu'il accueille nos vœux,
Comme il bénit jadis tous nos fervents ancêtres,
Abraham, Isaac, Jacob, les vertueux ;
Frères, disons : Amen, il est le roi des êtres.

במרים   Que l'Éternel, le Dieu miséricordieux,
Veuille tous nous trouver humbles devant sa face,
Lui qui trône partout, ici-bas, dans les cieux !
Qu'il nous donne la paix ! nous accorde sa grâce !

Puissions-nous obtenir ses bénédictions !
Il est le bienveillant ; sait seul ce que nous sommes,
Il eut pour Israël, faveurs, protections,
Il tient seul le pardon ; seul il l'accorde aux hommes.

Le Sabbath, on dit :

Que l'Éternel, le Dieu miséricordieux,
Nous réserve à jamais pour la vie éternelle :
Le Sabbath du repos promis aux plus pieux ;
Car, il est tout : il est la bonté paternelle !

Que l'Éternel, le Dieu miséricordieux,
Nous gratifie, un jour, de la béatitude.
Qu'il nous place au séjour qu'habitent nos aïeux ;
Car, il est la clémence ! il est la quiétude.

Que l'Éternel, le Dieu miséricordieux,
Nous conserve pour voir le saint jour du Messie,
Il inspira David ; le fit victorieux
Et le douait, après, du don de prophétie !

Que l'Éternel, le Dieu miséricordieux,
Répande aussi la paix sur nous et sur nos frères.
Il sait calmer la mer, rasséréner les cieux ;
Il peut tout !... ô Seigneur ! accueille nos prières !

יראו

Adorez l'Éternel, vous hommes bons et forts !
Non, rien ne manque à ceux qui l'aiment, le chérissent.
Les méchants sont souffrants, car ils ont les remords,
Mais, ceux qui cherchent Dieu, non, jamais ne pâtissent.

Loué soit l'Éternel, car il est la bonté,
Il est la grâce même, est aussi la clémence ;
Il a pour les mortels la libéralité ;
Et pour tous les vivants, ses mains ont l'abondance.

Heureux donc, ô Seigneur ! qui se confie en toi !
Heureux est donc celui qui, dans l'Etre suprême,
A remis tout son sort et qui connaît sa loi.
Il est tranquille et sûr ; car c'est la force même !

J'étais jeune jadis, maintenant je suis vieux.
Il ne laissa jamais les bons dans la souffrance ;
Protecteur des enfants, il l'est des malheureux ;
Il les secourt toujours, souvent les récompense.

Le Seigneur est puissant : il accorde la paix,
Il soutint Israël ; lui donna la victoire.
Qu'il lui donne, avec tous, la concorde à jamais ;
Il est bon et clément ; soyons donc méritoire !

On prend le verre et on dit :

Loué soit l'Éternel ! Il est sublime et digne !
Il a créé, pour tous, le doux fruit de la vigne.

On boit en s'accoudant sur le côté gauche.

Avant de dire les versets suivants, on ouvre la porte pour indiquer que nous avons toute confiance en la protection divine, et que l'ennemi, fût-il à nos portes, il serait impuissant à nous nuire si Dieu voulait nous préserver comme il l'a fait en Egypte.

PSAUME LXXIX, 6.

שפוך

Seigneur ! de tes enfants, détourne ta colère ;
Ah ! ne les frappe pas ! Israël te vénère !
Il adore ton nom. La maison de Jacob
Se confie à son Dieu, comme le faisait Job !
Que ton juste courroux n'atteigne pas notre être,
Que ton fléau, plutôt, s'acharne à l'idolâtre !

Frappe ou ramène-le!... Ton indignation,
Ta verge!... Elle est justice ou bénédiction !
Disperse-les, mon Dieu, ou qu'ils se convertissent;
Qu'ils adorent ton nom ; devant toi qu'ils fléchissent.
Que sur la terre, alors, à la face du Ciel !
Tout chante le Seigneur! tout dise l'Eternel!

הלל (HALLEL).

On verse le quatrième verre de vin et on dit :

PSAUME CXV.

לא לנו (LAU LONOU).

Ah! ce n'est pas pour nous, mais plutôt pour ton nom
    Qu'Israël te supplie.
Eternel Tout-Puissant, n'entends-tu pas Sion?
    Elle pleure et te prie !
Fais éclater ta gloire et que sa majesté
Dise à tous notre Dieu! l'unique! incontesté!

Oui, l'Égyptien, alors, et ses frères barbares,
  En voyant ta grandeur!
Laissera ses faux-dieux et brisera ses lares!...
  Devant le Créateur
Il plira ses genoux, humble devant ta face;
Car le Dieu qu'il cherchait!... c'est le Dieu de l'espace.

 Ah! ce n'est pas pour nous, mais plutôt pour ton nom
  Qu'Israël te supplie!
Éternel, Tout-Puissant, n'entends-tu pas Sion?
  Elle pleure et te prie!
Que ta gloire apparaisse et que sa majesté!
Dise à tous notre Dieu! l'unique! incontesté!

  Quoi! devant des idoles
  Ils vont prophétiser?
  De vaines banderoles
  Pourraient diviniser
  Leur bouche sans paroles?...
Devant l'Eternel seul, l'homme doit s'incliner!

  C'est de l'or, de l'argile...
  Eh! tous vont adorer
  Du métal tout fragile!...
  Rien ne peut l'éclairer :
  Son œil est immobile.
Devant l'Eternel seul, l'homme doit s'incliner!

Elles ont des oreilles,
Ne peuvent écouter :
Sont-ce là des merveilles
Que l'on doive exalter,
Et les jours et les veilles ?...
Devant l'Eternel seul, l'homme doit s'incliner !

Elles ont des narines,
Et ne sauraient flairer ;
Le temps est leur ruine,
Et sait les altérer.
Mortel tu te fascines !...
Devant l'Eternel seul, l'homme doit s'incliner !

Leur main est immobile,
Et ne peut empêcher.
Elle est du stuc, débile,
Et ne saurait toucher.
Son doigt est plus fragile...
Devant l'Eternel seul, l'homme doit s'incliner !

Gosier, sans mérite,
Il ne peut aspirer ;
L'air jamais ne l'irrite,
Il ne sait respirer.
A ses pieds, on gravite !...
Devant l'Eternel seul, l'homme doit s'incliner !

Que l'aveugle Égyptien qui croit à ces idoles,
    Et repousse son nom,
Soit de même immobile, et qu'il soit sans paroles.
    Oui, que le Pharaon,
Ses guerriers et ses grands, mortels sans auréoles,
Soient, tout comme leurs dieux, impuissants et frivoles.

Ah! ce n'est pas pour nous, mais plutôt pour ton nom
    Qu'Israël te supplie!
Eternel! Tout-Puissant! entends, entends Sion :
    Elle pleure et te prie!
Fais éclater ta gloire, et que sa majesté
Dise à tous notre Dieu! l'unique! incontesté!

י"י זכרנו (ADONAI ZÉKARANOU).

Il se souvient de nous; l'Éternel nous bénit!
    Il est bien la Clémence;
Il protége les bons, le grand et le petit;
    Il est la Bienfaisance!
Il bénit la maison d'Aaron, d'Israël;
    Il est la souvenance!
Tous!... Et l'homme et l'enfant doivent à l'Eternel
    Et vie et subsistance!

L'Éternel nous bénit; oui, c'est le Tout-Puissant!
Il est le Créateur du ciel et de la terre!
Il a gardé le ciel, qu'il sortit du néant,
Et fit, pour nous, du globe, un fertile parterre!
Dans leurs sombres tombeaux, les morts ne chantent pas;
Mais nous, nous le loûrons jusqu'au jour du trépas!
Halleluya!

PSAUME CXVI.

אהבתי (OHABTHI).

Quel bonheur, ô mon cœur! je me sens tout ravi!
  Oui, vers toi je m'élance,
  O douce Bienfaisance,
Qui, du mortel pieux, veux accueillir le cri!

Ton oreille, Éternel! accueille ma prière :
  Je te loûrai le jour,
  La nuit, dans mon amour,
J'aurai des chants pour Toi, partis d'un cœur sincère.

Quel bonheur, ô mon cœur ! je me sens tout ravi !
    Oui, vers Toi je m'élance,
    O sainte Bienveillance
Qui, du mortel pieux, veux accueillir le cri !

Confiant à l'Etre suprême,
Je ne saurais craindre la mort.
De la tombe l'angoisse même
Pourrait-elle rien sur mon sort ?
Du Schéol, c'est Dieu qui sort l'âme.
N'est-il pas et clément et fort ?
Essence, fluide ou douce flamme,
Tu la placeras dans les cieux,
Toi, le miséricordieux !

L'Éternel aime la droiture,
Il est Justice, il est Bonté !
Je souffrais, faible créature,
Il m'a donné la fermeté.
Mon âme s'élève et s'épure ;
De Dieu vient la sérénité ;
Il est le Roi de la nature.
Tout t'aime, ici-bas ; dans les cieux ;
Toi, le miséricordieux !

Il est pour tous bon, plein de charmes ;
Le trait fut toujours écarté.
Mon œil, jadis rempli de larmes,
Radieux, s'ouvre à la clarté.

Dans mon Dieu, ma foi se confie,
Ah ! n'est-il pas la charité?
A qui donc remettre ma vie?...
Tout t'aime, ici-bas, dans les cieux,
Toi, le miséricordieux !

Il est le Dieu du roi, du sage,
Et du riche et de l'indigent.
Dans cette vie, humble passage,
Je le proclame l'Indulgent!
Il est Espoir : heureux présage;
Il est tout : c'est le Bienfaisant
Que tous chanteront d'âge en âge!
Tout t'aime, ici-bas, dans les cieux,
Toi, le miséricordieux !

Oui, grand Dieu, ton oreille, accueillit ma prière.
    Je te loûrai le jour,
    La nuit, dans mon amour.
J'aurai des chants pour Toi ! partis d'un cœur sincère.

מה אשיב (MA ASCHIB).

Comment à l'Éternel, rendre tous ses bienfaits?
Il m'en comble, et je dois le louer à jamais.

Il est tout : le Salut, comme il est l'Espérance!
J'invoquerai son nom : n'est-il pas la Puissance?
Au milieu d'Israël, je le proclamerai ;
Son peuple l'adorant, je le glorifierai.
   La mort de tes aimés, t'est-elle indifférente?
Non! tu sors du tombeau leur âme bienfaisante.
   Je te loûrai, mon Dieu ; je suis ton serviteur.
Dans ton Temple, aux échos, je dirai le Seigneur!
Humble devant ta face, humble comme ma mère ;
Digne enfant que, toujours, ma pieuse prière
S'élève vers Toi seul, et proclame ton nom!
J'accomplirai mes vœux en ta sainte maison,
Au parvis recueilli, divine et douce flamme,
Que de Sion, mon Dieu, vers Toi vole mon âme!
   Halleluya!

PSAUME CXVIII.

הוֹדוּ (HODOU).

Une voix :

Chantez, de l'Éternel, la divine bonté!
Il est à tout jamais : c'est la perpétuité.

Le chœur :

Rendons grâce au Seigneur, Israël le proclame !
Car, il est la bonté ! Chacun ici l'acclame.

Une voix :

Israël, dans son Temple, acclame sa bonté !

Le chœur :

Le peuple chante ici, de Dieu, la majesté !
Il est le bienfaisant : Israël le proclame.
La maison d'Aaron dit sa bonté, l'acclame !

Une voix :

La maison d'Aaron proclame sa bonté.
Elle est à tout jamais la pure charité !

Le chœur :

Que ceux qui craignent Dieu, viennent et le proclament;
Les enfants d'Israël, dans son Temple, l'acclament !

Une voix :

Que ceux qui craignent Dieu, proclament sa Bonté.
Elle est à tout jamais : elle est l'Eternité !

Le chœur :

Rendons grâce au Seigneur ! Qu'Israël le proclame.
Eternelle bonté ! Qu'ici, chacun l'acclame !

מן המצר (MIN HAMEITZAR).

Dans mon angoisse, à l'Éternel
J'ai dit ma douleur et ma peine ;
Je l'ai prié, faible mortel,
Et mon âme, alors, plus sereine,
M'a dit que j'étais exaucé.
Ah ! si le Seigneur me protége,
Que craindre ? Mon cœur réchauffé,
Peut braver, et l'homme et le piége !

Mieux vaut mettre dans le Seigneur
Son sort et sa droite espérance,
Que de courir après l'erreur,
Partage de l'humaine engeance.

L'Egyptien peut être assaillant,
Puisque l'Eternel me protége;
Que craindre? avec le Bienveillant,
L'homme chemine loin du piége!

Que pourraient me faire les grands?
Que le barbare m'environne;
Que, sur mes pas, tous vrais tyrans,
Leurs fers me servent de couronne;
Me poussent, me cernent, soudain;
Oui, si le Seigneur me protége,
Je peux braver l'homme inhumain,
Cheminer, éviter le piége!

Il me fera vaincre à mon tour;
Les disperser et mettre en pièce,
Ces ennemis qui, chaque jour,
Pensent rire de ma détresse.
Je triompherai! Mon bonheur
Est en ses mains, qu'il me protége,
Qu'il me garde de tout malheur,
Que je chemine loin du piége.

L'Éternel est mon protecteur.
Si des méchants veulent me nuire,
Il sera mon libérateur;
C'est mon espoir. J'aime à le dire!

Sous la tente, entendez ces chants...
Ils disent : Oui, Dieu nous protége !
Ce sont des cris reconnaissants,
Car je chemine loin du piége !

Des justes, ce sont les concerts
Qui louent le Dieu de nos pères.
Il a dispersé les pervers ;
Israël redit ses prières !
L'Éternel est victorieux ;
C'est son nom qu'en nous il protége.
Je vivrai, loûrai, radieux,
Celui qui nous garde du piége !

L'Éternel peut me châtier,
Mais je chanterai ses merveilles.
De la mort du noir sentier,
Il gardera mes jours, mes veilles.
Ouvrez-moi le chemin des bons,
C'est la vertu que Dieu protége ;
Lui, qui commande aux nations,
Saura nous tenir loin du piége !

Ouvrez le temple des vertus,
Ouvrez la porte de justice ;
C'est le chemin des saints tributs.
Du cœur droit, humble sacrifice,

Je dirai : S'il m'a châtié,
L'Éternel pardonne et protége;
Par lui, je suis amnistié,
Il me gardera loin du piége !

De l'édifice saint, sacré,
Du temple, il est pierre angulaire.
Le bloc, par lui, fut consacré ;
Son nom soutient le sanctuaire.
C'est Dieu qui le voulut ainsi.
Il est clef de voûte. Il protége
Israël qui le chante ici ;
Il saura le garder du piége !

De ses merveilles, tout heureux,
Chaque jour Israël le chante.
En ce soir, son peuple, à ses yeux,
Plus confiant, ô douce attente !
Espère en son Dieu tout-puissant ;
Sa Providence le protége !
Allègre !... il dit : « Le Bienfaisant
» Me gardera toujours du piége ! »

אנא (ANNA).

Une voix:

Protége-nous, Dieu d'Israël !
Protége-nous, Père éternel !

Une voix :

Seigneur, fais qu'Israël prospère !
Comme toujours, il te vénère !

ברוך הבא (BAROUCH HABA).

Soyez les bien-venus, au nom de l'Éternel.
Qu'en son temple Israël, aux yeux de tous, l'acclame !
Approchez, venez tous, frères, près de l'autel ;
L'encens brûle !... A toujours, son peuple le proclame.

Il nous éclaire tous ; il réchauffe nos cœurs !
Que la victime, ici, soit soudain couronnée.
Approchez, venez tous. Que, couverte de fleurs,
A l'Éternel, bientôt, elle soit immolée !

O sois loué, Seigneur ! de tous sanctifié !
Accueille d'Israël, accueille les louanges !
Entonnons l'hymne saint ! Qu'il soit glorifié !
Nos chants iront vers Dieu, sur les ailes des anges.

Il est bon ! Il est saint ! Sublime est l'Éternel !
Il est la sauvegarde et le Dieu d'Israël !

יהללוך

Tout te loue, Éternel! Toutes les créatures
T'adressent chaque jour à toi, le Tout-Puissant,
Leurs souhaits et leurs vœux. Les âmes les plus pures,
Tes justes, ô mon Dieu ! chantent le Bienfaisant.
Redisent tes bontés ; exaltent ta clémence.
Heureux de t'adorer, ô notre divin Roi !
Ils chantent leur bonheur et leur reconnaissance ;
Expriment, ô Très-Haut, le respect de ta loi !
En des cantiques saints, ils disent ta puissance ;
Ils disent l'Éternel ! acclament ta grandeur !
Chantent en ton honneur ; chantent ta bienfaisance,
Et proclament partout notre Dieu, Créateur !

PSAUME CXXXVI.

הודו לי"י (HODOU LADONAI).

Rendez à l'Éternel, ah ! rendons-lui tous grâce,
 Car c'est l'éternelle Bonté !

Il est le Dieu des dieux ; en est-il, à sa face ?
    Lui, c'est l'éternelle bonté !

Rendez au Roi des rois grâce pour sa Puissance ;
    Il est l'éternelle bonté !
Ses miracles sont grands et sont la bienfaisance ;
    Ah ! c'est l'éternelle bonté !

Il a créé les cieux, suspendu le nuage ;
    Dieu, c'est l'éternelle bonté !
De la terre, des eaux il fit le grand partage,
    Il est l'éternelle bonté !

Les astres sont par lui soutenus dans l'espace ;
    Oh ! c'est l'éternelle bonté !
Du soleil, chaque jour, il nous montre la face ;
    Dieu, c'est l'éternelle bonté !

Il fait briller la nuit, la lune et les étoiles ;
    Il est l'éternelle bonté !
Les premiers-nés du Nil eurent la mort pour voiles ;
    Lui seul juge de sa bonté !

Il sortit Israël du plus dur esclavage ;
    Dieu, c'est l'éternelle bonté !
De sa puissante main il frappait le servage ;
    Il est l'éternelle bonté !

Il commande à la mer, qui bientôt se sépare ;
　　Ah ! c'est l'éternelle bonté !
Il dirige Moïse afin qu'il ne s'égare ;
　　Il est l'éternelle bonté !

Il noya Pharaon et sa puissante armée ;
　　Dieu, c'est l'éternelle bonté !
Il conduit au désert sa foule bien-aimée ;
　　Il est l'éternelle bonté !

Il frappa de terreur les plus puissants monarques ;
　　Ah ! c'est l'éternelle bonté !
Puis il couvrit leur chair de plaies... tristes marques
　　Il est l'éternelle bonté !

Sichon, l'Araméen, est mis dans l'impuissance ;
　　Dieu, c'est l'éternelle bonté !
Og, le roi de Bazan, est détruit : il l'offense ;
　　Il est l'éternelle bonté !

Il conduit nos aïeux au pays d'héritage ;
　　Ah ! c'est l'éternelle bonté !
Israël est heureux : Sion est son partage ;
　　Dieu, c'est l'éternelle bonté !

Puis, dans l'âpre désert le garda de misères,
　　Il est l'éternelle bonté !

Il nous affranchit tous en délivrant nos pères ;
Ah ! c'est l'éternelle bonté !

Il fit tomber du ciel la manne pour substance ;
Il est l'éternelle bonté !
Rendons grâce au Seigneur pour sa haute clémence ;
Dieu, c'est l'éternelle bonté !

נשמת

Eternel ! notre Dieu ; que tout dise ta grâce ;
Que tout chante à jamais ; que tout, devant ta face,
S'incline humble, soumis ! Qu'ici bas tout mortel
Acclame le Puissant ; toi, le Dieu d'Israël !
Que l'âme et que la chair, auxquels tu donnas l'être,
Disent, chantent toujours leur Dieu, leur puissant maître,
Que tu sois exalté ; que ton haut souvenir
Anime tout vivant que ta main sait nourrir.

Seul il est notre Dieu, car c'est lui qui fait vivre ;
C'est le libérateur, car c'est lui qui délivre ;
C'est lui qui nous soutint, protégea nos aïeux.
Dans nos malheurs, toujours miséricordieux,
Il écarta les maux, nous donnait l'espérance ;
Pour complément, après, nous eûmes la puissance.

Des générations il fut le souverain ;
Les mortels, aujourd'hui, sont sous sa haute main,
Comme seront aussi des époques futures,
Les enfants à venir, toutes les créatures.

Loué sois-tu, mon Dieu, suprême majesté !
Tu nous gouvernes tous ! Dieu, c'est l'incontesté ;
Tes lois sont à jamais la paix et la concorde,
Elles seront toujours force et miséricorde.

L'Eternel ne dort pas, et ses bienfaits divers
Coordonnent alors ; répare l'Univers !
Il n'a pas de repos, jamais il ne sommeille ;
Son œil est sur son œuvre, et sans cesse il y veille.

C'est lui qui du sommeil rappelle tout mortel.
C'est lui qui le ranime, et son bras paternel
Le soutient, le redresse et l'assiste en sa peine ;
C'est lui qui vers le bien sans cesse le ramène ;
C'est lui qui sait donner la parole aux muets,
Qui guérit les souffrants, des maux longtemps jouets.

Devant toi, souverain, que tout donc se prosterne,
Que tout t'acclame, enfin, que chacun te discerne.

Si les cris de nos cœurs, nombreux comme les grains
Du sable qu'à porté la mer sur ses confins ;

Si notre voix était, comme l'onde bruyante,
Comme la vague qui, se heurte, est bouillonnante ;
Si nos lèvres pouvaient à la face des cieux
Exprimer tout le jour des chants harmonieux ;
Si nos yeux rayonnaient, ainsi que le soleil,
Des feux qui, tous brillants, annoncent son réveil ;
Que leur regard fût pur et clair comme la lune,
Pour exprimer muet leur charme, et sa fortune,
Si nos mains grandissaient sous ton œil permanent,
Comme l'aile de l'aigle au haut des airs planant ;
Et si nos pieds étaient comme ceux tous agiles
Qu'il te plut d'accorder aux cerfs légers, dociles,
Non, jamais, ô Seigneur miséricordieux,
Nous ne saurions en chants assez harmonieux
Te louer, t'exalter et chanter ta clémence ;
Dire aux échos ton nom, acclamer ta puissance !

De Pharaon, grand Dieu, tu nous as délivrés ;
Dans l'aride désert tu nous as conservés.
Tu sus briser le joug de notre servitude,
Et tu vins nous nourrir par ta sollicitude ;
Tu sus nous préserver, ô Toi, si bienveillant,
Du soldat égyptien, de son glaive assaillant.
D'un horrible fléau et de ses noires plaies,
Tu sus nous garantir. Tes bontés, sûres haies,
Nous gardaient, préservaient les enfants d'Israël.
Jusqu'à ce jour, Seigneur, ton secours paternel.

Fut et notre bonheur et notre fermeté ;
Il est pour l'avenir force et sécurité !

Tu nous donnas l'esprit et tu nous donnas l'âme :
Elle anime le corps et sa bouche t'acclame.
Que toute voix te loue et te chante à jamais,
Exalte, sanctifie et dise tes bienfaits,
Puis te jure à toujours fidelité, constance.

Que tout genou fléchi, le soit par ta puissance
Que tout front, devant toi, soit humble ou radieux,
Mais qu'il soit à jamais craintif, respectueux !
Que tout cœur te vénère et toute entraille chante
Ainsi qu'il est écrit : « Que ma voix soit vibrante,
» Que tout organe en moi dise : Qui peut, Seigneur,
» Se comparer à toi ? Qui, contre l'oppresseur,
» Sait protéger le faible, et de la violence
» Le tenir à couvert, l'armer de patience ?
» Qui protége le pauvre et le religieux ?
» Qui te ressemble, et qui, miséricordieux,
» Peut t'être comparé, venir devant ta face
» Dire : Je suis puissant et rejette ta grâce ? »

Eternel souverain, toujours nous te loûrons ;
Nous dirons ta grandeur et te sanctifirons.
Ton nom nous est sacré. Tout Israël vénère,
Exalte ce saint nom à jamais, le révère,

Comme disait David, nous aussi nous disons :
« Que mon âme, à toujours, chante ces divins noms !
» Exalte l'Eternel, qu'elle le glorifie ! »
Il tient notre bonheur comme il tient notre vie.
Il est seul notre Dieu ; c'est le Dieu bienfaisant.

Pouvoir illimité, lui, c'est le Tout-Puissant.
Il est grand par son nom, par sa magnificence.
Il est fort par son bras et sa haute vaillance ;
Est redoutable à tous ; il est miraculeux ;
Il règne en souverain, en roi majestueux.

שוכן

Justes, entonnez tous les cantiques, soudain !
Dieu, c'est l'Eternité : c'est le Roi souverain.
Il est écrit pour nous : « Que tout chante sa gloire,
» Et que les vertueux proclament sa mémoire. »

    Oh ! sois loué des saints,
    Et que leur bouche auguste
    Dise tes hauts desseins ;
    Chante ton nom, ô Juste !

Que le sage à son tour
T'exalte à tout jamais,
Et que, dans leur amour,
Les chœurs, tous satisfaits,
Redisent tes bienfaits.

Dans ton temple, Eternel, où s'assemble ton peuple,
Israël, chaque jour, aime à louer ton nom...
Exalter notre Dieu ; car c'est lui qui repeuple ;
Il est son protecteur, sa bénédiction,
Les fils font aujourd'hui ce qu'ont fait leurs ancêtres ;
Te chantent maintenant; t'exalteront toujours ;
T'adorer, te louer sera pour tous les êtres
Un devoir, un bonheur !... C'est ainsi dans ces jours,
C'était dans le passé ; l'avenir doit le faire ;
L'enfant doit te louer comme le fit son père.
C'est le chant de David, digne enfant de Jessé,
Il fut Messie alors dans les jours du passé.

ישתבח

Que ton nom grand et saint, ô divine clémence !
Notre roi, notre Dieu, sublime Providence !
Soit exalté de tous ici-bas, dans les cieux.
Que les anges, là-haut, portent, harmonieux,

Les hymnes qu'Israël, sur ses harpes pieuses,
Sut moduler pour toi, odes religieuses,
Car Dieu, c'est la grandeur ! la domination !
L'Eternel souverain ! Sa sainte nation
Redit ses chants d'amour, exprime haut sa gloire.
Elle dit, son bras fort qui donnait la victoire,
Rappelle ses hauts faits miséricordieux ;
Et, les fils, maintenant, font comme leurs aïeux.

Sois loué des mortels, sublime Providence !
Daigne accueillir nos chants, notre reconnaissance !
Que nos cris et ces chants t'arrivent, ô Seigneur !
Et pieux et fervents, humbles dans le bonheur.
Qu'ils soient mélodieux et te soient agréables ;
Et tes fils par toi seul seront tous respectables.

La première nuit de Pâques on dit :

C'était à minuit,
Aux yeux de tous, la nuit,
Dieu faisait des miracles.
Abraham fut conduit
La nuit,
Ne connut pas d'obstacles ;
Il triompha la nuit :
C'était à minuit,

Le roi Guérar, la nuit.
Fut frappé par un songe;
Laban, Dieu l'avertit
  La nuit,
Et Laban dit : Mensonge!
Nous triomphons la nuit :
 C'était à minuit.

A Pasrhothim la nuit,
Les premiers-nés moururent :
Pharaon fut contrit
  La nuit;
Ses forces disparurent ;
Harrosfeth fut frappé la nuit:
 C'était à minuit.

Sisfera dans la nuit
Croit pouvoir nous surprendre,
Le Seigneur le détruit
  La nuit.
Du soc Bel dut descendre,
Et Daniel *voit* la nuit
 C'était à minuit.

Balthazar dans la nuit.
Mourut!.... Haman colère
Envoie son noir édit
  La nuit.

Daniel dit le mystère :
Il explique la nuit.
    C'était à minuit.

D'Assuérus la nuit
Par Dieu fut conseillère,
Esther obtient et dit
    La nuit :
« Qu'Israël prie, espère !... »
Dieu le sauva la nuit.
    C'était à minuit.

Du jour et de la nuit,
Dieu, n'es-tu pas le maître ?
Fais éclore sans bruit
    La nuit.
Le grand jour qui doit être
Pour Israël sans nuit,
    Fût-ce à minuit.

La seconde nuit de Pâques on dit :

Parlons de la fête de Pâques,
C'est en ces jours miraculeusement
Qu'au milieu d'horribles attaques,
    O toi le bienveillant !

En te manifestant,
Tu mis au premier rang
La Pâques.
Car au pâtre Abraham,
Après les jours de Sem
Tu révélas la Pâques.

Parlons de la fête de Pâques !
Tu fus le voir à la chaleur du jour,
Humble est le œur qui bat sous ses casaques ;
Ardent en ton amour
Pour l'ange d'alentour,
L'azyme fut au four
La Pâques.
Le bœuf t'est sans détours
Offert. Il fut toujours   (1)
Symbole de la Pâques.
Parlons de la fête de Pâques.

C'est en ces jours que Sodome brûlait :
Tout disparaît et palais et baraques
Loth par Dieu se sauvait,
Il le glorifiait
Car l'azyme cuisait
Pour Pâques.
Eh, Moph !... qui le frappait ?
Noph !... qui le châtiait ?

C'est Dieu, la nuit de Pâques.
Parlons de la fête de Pâques.

Des Egyptiens meurent les premiers-nés
De l'ange noir, de ses attaques,
    Nos jeunes, nos aînés
    Seront tous épargnés,
    Car ils sont ses aimés
        Des Pâques.
    Leurs pères prosternés
    Lui sont affectionnés
    Pour les jours de la Pâques,
Parlons de la fête de Pâques.

Mais Jéricho va voir tomber ses murs ;
Ne sera plus que ruines, cloaques !...
    Madian ses fils impurs,
    Seront jouets obscurs,
    De gâteau, d'orges purs,
        La Pâques.
    A Pul !... ils sont peu sûrs ;
    A Lud !... ils sont tous durs,
    Ils brûleront à Pâques,
Parlons de la fête de Pâques.

Sanachérib, à Nob va sabriter ;
C'était un jour à l'approche de Pâques ;

Tultz veut nous défier (Babel)
Une main sait tracer
Son sort et la frapper,
    La Pâques.
Dieu sut la renverser,
Comme il peut tout dompter !
Israël faisait Pâques.
Parlons de la fête de Pâques.

La belle Esther, cela trois jours durant,
Voulut jeûner, c'était à Pâques.
    Juda reconnaissant,
    Fut aussi pénitent.
    Dieu punissait Haman....
        La Pâques.
    Edom est malfaisant,
    Alors le Tout-Puissant
    L'atteindra dans la Pâques.
O combien Dieu fut grand dans la fête des Pâques !

L'ANNÉE PROCHAINE A JÉRUSALEM!

On prend le verre à la main, on dit :

Loué soit l'Éternel ! c'est sa main sainte et digne
Qui créa pour nous tous le doux fruit de la vigne.

Après avoir bu on dit :

Éternel, sois loué ! chantons le Créateur !
Lui qui, du sol sortit le cep noueux : la vigne.
Le raisin, de ce cep, pour nous plein de saveur !
Et de ce fruit le vin : ô main sainte et bénigne.

Fais renaître Israël ! Protége-nous, grand Dieu !
Que Sion reconstruit, soit enfin un saint lieu
Où tes fils, radieux, y chantent tes louanges !
Fais que de tous les points saintes, dignes phalanges ;

Ils s'acheminent tous confiants en ton nom ;
Puissent y faire, alors, ce qu'a fait Salomon!

Ardents dans un travail, pieux, fervent et digne,
Qu'ils aillent, tous heureux, planter le cep : ta vigne !
Qu'à l'œuvre, grandissants, les enfants d'Israël,
Reconstruisent bientôt ton temple et ton autel!

(Le Sabbath est, pour nous, un jour saint, légitime).
Ah! rejouis-nous donc, en ce saint soir d'azyme;
Toi Seigneur ! Toi tout bon ! Toi le Dieu Tout-Puissant
Sois loué pour le fruit; pour le pays d'Orient!

נרצה (NIRTZA).

חסל Nous avons, ô Seigneur! terminé nos prières.
Puisses-tu, Tout-Puissant, en souvenir des pères,
Les accueillir! y voir ton respect, notre espoir !
Israël a chanté ta grandeur en ce soir.

Puisses-tu nous garder des tristes passions!
Nous faire vertueux aux yeux des nations !

Nous inspirer le bien ; nous éloigner du mal !
Qu'Israël ait, pour toi, toujours, amour filial.
Qu'il retourne, bientôt, au pays de ses pères ;
Que de Jérusalem, t'arrivent ses prières !

Ainsi soit-il, Amen.

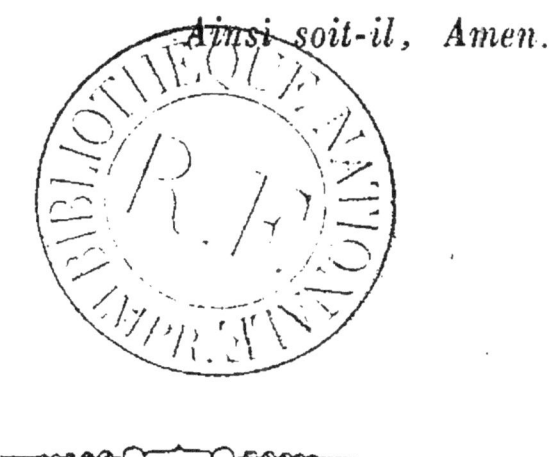

PARIS. — IMPRIMERIE WITTERSHEIM,
8, rue Montmorency.

www.ingramcontent.com/pod-product-compliance
Lightning Source LLC
LaVergne TN
LVHW050636090426
835512LV00007B/882